www.mascotbooks.com

*B is for Bilingual*

©2019 Leila Díaz-Thamer. All Rights Reserved. No part of this publication may be reproduced, stored in a retrieval system or transmitted in any form by any means electronic, mechanical, or photocopying, recording or otherwise without the permission of the author.

Definitions were created using information from American Heritage Dictionary (4th ed.), Collins English Dictionary (online), Cambridge Dictionary (online), and Merriam-Webster Dictionary (online).

**For more information, please contact:**
Mascot Books
620 Herndon Parkway #320
Herndon, VA 20170
info@mascotbooks.com

Library of Congress Control Number: 2018911504

CPSIA Code: PRTWP0119A
ISBN-13: 978-1-68401-978-6

Printed in Malaysia

# Dedication

To all children, you are the future. May language never be your barrier. Especially to my daughters, Karina Isabel and Anabel. You are my inspiration!

# Dedicación

A todos los niños, ustedes son el futuro. Que el idioma nunca sea una barrera. Especialmente a mis hijas, Karina Isabel y Anabel. Ustedes son mi inspiración.

# A

## AIRPLANE

/ˈeərˌpleɪn/

A vehicle used for flying passengers or goods.

## AVIÓN

/aˈβjon/

Vehículo aéreo usado para transportar pasajeros y/o artículos.

# B

## BOAT

/boʊt/

A vessel that travels on water and is propelled by wind or engine.

## BOTE

/ˈbo·te/

Buque que navega sobre el agua movido por viento o motor.

# CRAB

/kræb/

A crustacean with a flat shell and five pairs of legs. Its two front legs are claws.

# CANGREJO

/kan'gre·xo/

Crustáceo que tiene cinco pares de patas. Sus dos patas delanteras son en forma de pinzas.

# D

## DOLPHIN

/ˈdɑl·fən/

An intelligent and gregarious aquatic mammal within the order Cetacea.

## DELFÍN

/ðel'fin/

Un mamífero cetáceo acuático muy inteligente y sociable.

# ELEPHANT

/ˈel·ə·fənt/

The largest earthbound mammal. They are herbivores and have four legs, a trunk, long tusks, large ears, and usually have gray skin.

# ELEFANTE

/e·ləˈfan·te/

Mamífero herbívoro más grande de los que viven en la tierra. Tiene cuatro patas, tiene trompa, dos colmillos de marfil, orejas grandes y usualmente son de color gris.

# F

## FLOWER

/ˈflaʊ·ər/

A colorful part of a plant or the plant itself that is used for reproduction.

## FLOR

/flor/

Órgano reproductor usualmente colorido de una planta o un vegetal.

## GUITAR

/gɪˈtar/

A musical instrument with strings.

## GUITARRA

/gɪˈta·rra/

Instrumento musical de cuerda.

# HELICOPTER

/ˈhel·ɪˌkɑp·tər/

An aircraft with one or two motorized blades on its top that allow it to ascend (go up) or descend (go down) vertically.

# HELICÓPTERO

/e·li·kop·te·ro/

Aeronave con hélices horizontales que le permiten ascender (subir) y descender (bajar) en sentido vertical.

# I

## IGUANA

/ɪˈgwɑ·nə/

A genus of herbivorous lizards that are among the largest in size in the Americas.

## IGUANA

/iˈɣwa·na/

Reptil vegetariano que vive principalmente en América.

JEWEL

/ˈdʒu·əl/

A precious and valuable stone.

JOYA

/ˈxo-ja/

Piedra preciosa y valiosa.

# K

## KOALA

/kəʊˈɑː.lə/

A small furry marsupial mammal that looks similar to a small, gray bear that lives in trees and is indigenous to Australia.

## KOALA

/ko'a·la/

Un pequeño mamífero marsupial parecido a un oso trepador de árboles que es nativo de Australia.

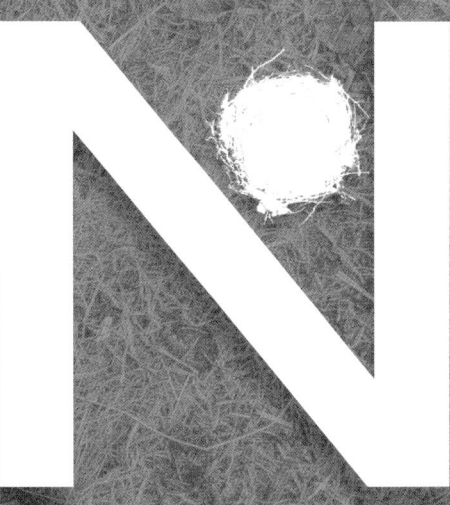

## NEST

/nest/

An animal's home that is made of twigs, grass, or leaves where birds or other creatures lay eggs and raise their young.

## NIDO

/ˈni·ðo/

Un lecho hecho de hojas, pasto y/o ramas que construyen las aves y otras criaturas para depositar sus huevos.

# O

## ORCHID

/ˈɔr·kɪd/

A plant with a flower consisting of three petals that are eye-catching or uniquely shaped.

## ORQUÍDEA

/orˈkiðeɐ/

Una planta o su flor compuesta por tres pétalos que se distinguen por su complejidad y llamativos colores.

## PENGUIN

/ˈpeŋ·gwɪn/

Considered the bird of the sea, this semi-aquatic bird lives mostly in cold climates in the Southern Hemisphere. It cannot fly and instead uses its wings to swim in bodies of water, where it spends approximately half of its life.

## PINGÜINO

/pinˈgwi·no/

Considerada el ave del mar, es un ave semi-acuática que vive mayormente en climas fríos en el hemisferio sur. No pueden volar y usan sus alas para nadar.

## QUETZAL

/ˈket.saːl/

Considered to be one of the world's most beautiful birds, the quetzal lives in the tropical forests of Central America and has brilliant green plumage above a red breast. Guatemalan currency is named after this bird, which is also the national bird of Guatemala.

## QUETZAL

/ˈket.saːl/

Considerada una de las aves más hermosas que existen. Es un ave trepadora de pico corto y cola larga que vive en los bosques tropicales de América Central. La moneda guatemalteca se llama Quetzal, nombrada en honor a su ave nacional, la hermosa ave Quetzal.

# R

## RHINOCEROS

/raɪˈnɑs·ər·əs/

A large, heavily-built herbivorous mammal with one or two horns on its nose. It is native to Africa and southern Asia.

## RINOCERONTE

/riːnoːceˈronːte/

Gran mamífero herbívoro que tiene uno o dos cuernos en la nariz. Es nativo de África y el sur de Asia.

## SAXOPHONE

/ˈsæk·səˌfoʊn/

A musical horn that is often U-shaped with a reed in the mouthpiece.

## SAXOFÓN

/sakˈsoːfon/

Instrumento musical de viento y metal que tiene una embocadura sujeta a una boquilla.

# T

## TURTLE

/ˈtɜr·t̬əl/

A slow-moving aquatic and terrestrial reptile, enclosed in a scaly or leathery domed shell. Some species can retract their head and legs into their shells.

## TORTUGA

/torˈtuɣa/

Reptil terrestre y/o acuático que se mueve lentamente y tiene un caparazón óseo de donde algunas especies pueden retractar su cabeza y sus patas.

# U

## UNICORN

/ˈju·nɪˌkɔrn/

A mythical creature with a horse-like body and a large, pointed, spiraling horn on its forehead.

## UNICORNIO

/u·ni'kor·njo/

Criatura mitológica con cuerpo como de caballo con un cuerno en mitad de la frente.

# V

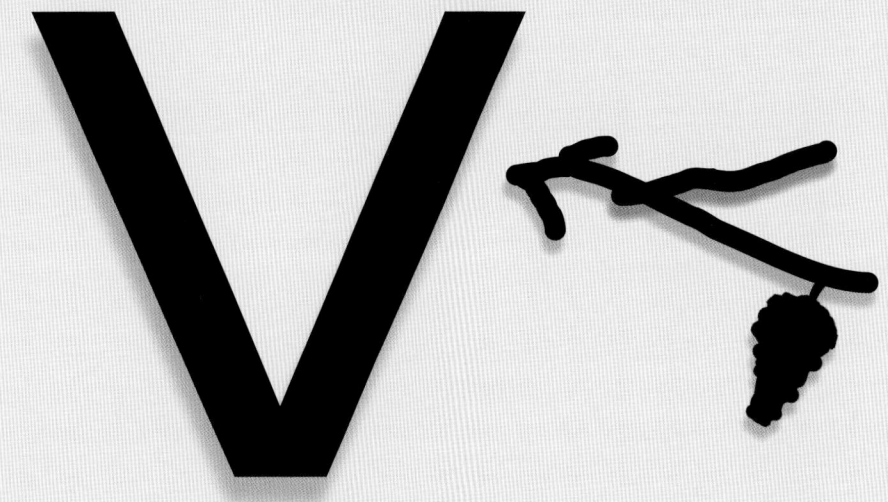

## VINE

/vaɪn/

A climbing plant that is part of the grape family.

## VID

/bið/

Planta trepadora cuyo fruto es la uva.

## WASHINGTON

/ˈwɒʃ.ɪŋ.tən/

A state in the Pacific northwest of the United States. It is named after the nation's first president, George Washington.

## WASHINGTON

/ˈwɒʃ.ɪŋ.tən/

Estado localizado en el noroeste de los Estados Unidos que bordea el Pacífico. Fue nombrado en memoria del primer presidente de la nación, George Washington.

# XYLOPHONE

/ˈzaɪ·ləˌfoʊn/

A musical instrument made up of two rows of bars that are made to be tapped with wooden mallets.

# XILÓFONO

/ksiˈlo·fo·no/

Instrumento musical de percusión compuesto de varillas de diferentes longitudes que se golpean con dos macillos.

## ZAMBOMBA

/zæmˈbʊmbə/

A rustic drum-like instrument played in a flamenco style, usually during Christmas festivities in Spain and some Latin American countries. It is formed by a hollow body made of clay or wood with an animal skin fixed tightly to the top and a long stick pushed through the skin. The sound of this drum is produced by friction of the stick as it moves up and down rather than by impact.

## ZAMBOMBA

/zamˈbom-ba/

Instrumento musical rústico que se toca en estilo de flamenco mayormente durante festividades navideñas en España y algunos países latinoamericanos. Formado por un cilindro hueco, cerrado por un extremo con piel tensa que tiene en el centro una varilla de madera u otros materiales. El sonido se obtiene empujando la varilla hacia arriba y hacia abajo.

# A Note from the Author

My husband Jeremy and I decided to give our daughters names that are pronounced the same in both English and Spanish. We knew we wanted to raise our children in a bilingual household, so we focused on teaching them both languages at the same time. My parents, Jorge and Margarita, raised me and my brother, Omar, to see the value in knowing several languages, too. My in-laws Steve and Melinda, who enjoy traveling the world to learn the value of different cultures and languages, instilled these values in my husband as well. With these thoughts in mind, the concept of this book came to life. Demonstrating commonalities within languages serves as a tool while exploring a new language.

## Notas de la Autora

Mi esposo Jeremy y yo decidimos darle nombre a nuestras hijas que se pronunciaran lo mismo en inglés como en español. Con el deseo de que crecieran en un hogar bilingüe, nos enfocamos en cómo enseñarles ambos idiomas a la vez. Mis padres, Jorge y Margarita, nos educaron a mi y a mi hermano Omar, siempre valorando la importancia de entender varios idiomas. Mis suegros, Steve y Melinda, quienes disfrutan viajar el mundo para aprender de otras culturas e idiomas, inculcaron estos valores también en mi esposo a una temprana edad. Con estas ideas en mente, surgió el concepto de este libro. Mostrando similaridades entre los idiomas sirve de herramienta para aprender un nuevo idioma.

## About the Author

Leila Díaz-Thamer was born in San Juan, Puerto Rico, and now lives in mainland USA, where she resides with her husband Jeremy and their two daughters. As a bilingual mom, she understands and values the importance of early bilingual education. Leila enjoys reading, traveling, gardening, outdoor adventures, and anything nutrition and health related. But mostly, she enjoys spending time with family and friends.

## Biografía de la Autora

Leila Díaz-Thamer nació en San Juan, Puerto Rico y actualmente reside en los estados continentales de los Estados Unidos de América con su esposo Jeremy y sus dos hijas. Como madre bilingüe, ella entiende y valora la importancia de una educación bilingüe temprana. Leila disfruta leer, viajar, jardinería, actividades en la naturaleza, y todo lo relacionado con nutrición y salud. Sobretodo, disfruta la compañía de su familia y amigos.